SOÑÉ QUE ERA UN TIGRE

SOÑÉ QUE ERA UN TIGRE

SAMÉ JUZÓ

Valparaíso
EDICIONES

Número 393 de la Colección VALPARAÍSO DE POESÍA
dirigida por FEDERICO DÍAZ-GRANADOS

Diseño de colección: Chari Nogales
Maquetación: Paola Hormechea Cuéllar

Imagen de portada: "The Kill", Herbert Thomas Dicksee

Primera edición: Enero de 2024

© De los poemas: Samé Juzó
© Valparaíso Ediciones
C/ Fray Leopoldo, 7 Bajo 18014 Granada
www.valparaisoediciones.es

ISBN: 978-84-10073-10-4
Depósito Legal: GR 1966-2023

Impreso en España - *Printed in Spain*
Gráficas Gami

SOÑÉ QUE ERA UN TIGRE

¿Por qué, débiles corazones, querer sacarme mi elemento de fuego,
a mí que solo puedo vivir en el combate?

Hölderlin

A quien leyere

*Si algún verso de este libro es capaz
de encender una insolente rebeldía
ante el dolor de vivir, o, dicho de otro
modo: el fuego de la esperanza, no
habrá infamado el papel en el que
está escrito; de no conseguirlo, espero
el amable lector sepa dispensarme y
que, sobre todo, nunca decaiga, como
yo, el mero instrumento del poema,
en la búsqueda de esa lumbre.*

S. J.

INSCRIPCIÓN

¡Destino, crúzame con mi enemigo,
pon en mi horizonte negras tormentas,
dale a mi espíritu noches violentas,
con fe mi carne abrazará el castigo!

¡Encima de los vientos yo maldigo
a todas esas ideas sirvientas!
¡Oh, azar...! Dame las páginas atentas
a la gloria, las que han sido testigo

de los dioses que han pisado la tierra.
Una vez muerto seguiré en la guerra,
para los débiles es el descanso.

La disciplina forja libertad.
Danzo alegre bajo la tempestad,
de cantar a los astros no me canso.

REBELDÍA

Las lágrimas de tinta en el papel
son vana apología a la derrota,
del crepúsculo son la lira rota,
al viento las cenizas del bajel,

del mendigo, la vanidosa llaga...
Si el dolor revienta el pecho, el deber
del rebelde es bailar sobre el llover,
es ser el viento que la fe propaga,

ser la llama que enciende la esperanza,
el corazón después de la enseñanza,
la espada en alto en grito de victoria.

¡No hay dolor que quiebre mi áureo pecho
—grita conmigo, que es nuestra la gloria—
siempre mi fuego mirará derecho!

SOY FUEGO

De fondo yace una ciudad en llamas
a la que yo mismo he prendido fuego.
Yo soy el incendio, yo soy mi sosiego.

Son ajenas a mí las amalgamas;

un destino, una sola llamarada;
en todos mis aullidos a la luna
entrego el alma, así como cada una
de las palabras que leo es cantada.

Sé del amor y del odio a los míos.
Sé del odio y del amor a mí mismo.
De mi mente: claridad, desvaríos.

De mi voraz arquetipo el lirismo.
No me transforman las llamas, soy fuego.
Yo soy el incendio, yo soy mi sosiego.

EN EL PECHO LA CRUZ

Así, enloquecedora la tormenta
sea y las carcajadas te derroten
macabras los tímpanos, así broten
feroces pesadillas y violenta

sea la muerte de los pocos tuyos,
así, encadenadas estén tus manos
y hayas perdido a todos tus hermanos,
así tus sombras y miserias —cuyos

rostros aparecen en el espejo
de tu sueño— te escupan ya maltrecho,
así no tengas ya ningún consejo,

recuerda que en el fondo de tu pecho,
inextinguible, habita en ti una luz,
donde flamea tu valor: tu cruz.

SIN MIEDO

No he de temer al abismo
ni a la hondura de la sombra.
No he de temer la derrota,
la humillación y el oprobio.
No he de temer el sendero
de implacables soledades
y silencios estentóreos.
¡No he de temer, oh, mi amigo,
a alzarme de las cenizas,
tomar clavos y martillo
y levantar mi balcón!
No he de temer, no, mi amiga,
a la sangre de la herida
ni a la efímera sonrisa.
No he de temer la pobreza,
pues no hay vergüenza en el pan.
No he de temer las arenas
del tiempo que, imperdonables,
van agrietando mi carne.
No he de temer al amor,
al odio y la indiferencia.
No he de temer a las flores
que me brindan el Leteo.
No he de temer la tormenta
ni la belleza del caos.

No he de temer, amor mío,
pues siempre he buscado el fuego.

A CABALIDAD

En el fondo del abismo sembraré mi jardín.
Con las últimas gotas de mi sangre pintaré un ocaso.
Entre estertores silbaré la música querida.
Con las lágrimas de mi último llanto haré una lluvia de
                                                        [verano.

Moriré riendo.

CON TODO

Si algo he conseguido es la libertad.
En lo hondo del viento ruge mi pecho.
Valientes cicatrices, voy maltrecho
pero honorable, a esa mi lealtad.

No tengo miedo... y si sí, lo peleo;
¿cuántas lágrimas son mi llamarada,
cuántas traiciones, la fe de mi armada,
cuántas despedidas son mi aleteo?

¡Con todo, destino, quiébrame el alma!
Que sabré a deleite reír con calma...
no tengo miedo... y si sí, ¡pues vencer!

Siempre despertaré de las cenizas,
soy de esos que no debieron nacer.
Eyacularé en la muerte hecho trizas.

LA ÚLTIMA NOCHE

No quiero la enfermedad, ni los días,
tampoco la imprevista, ni el madero,
no es tiempo, ni quiero la del guerrero;
la traeré en estas dos manos mías.

Será cuando el crepúsculo me cante
sus únicas y eternas melodías;
mi alma entenderá de esas poesías.
Será cuando esté ya más que distante.

No quiero nada más que un largo sueño,
pero quiero saber que es el postrero;
de esta mi vida quiero ser el dueño.

Con la calma de honrado jornalero,
saberlo, me exige vivir el día;
creo que es humildad y no osadía.

DEL PRÓJIMO

I

¡Cómo te lastima verme tan libre!
Quieres para mí tus arduas cadenas,
quieres darme las piedras en tus venas;
no, no sabes de mi fuego el calibre.

Quieres que, como tú, sea un cobarde
y viva arrinconado por el miedo.
Jamás sabrás lo que es saltar al ruedo,
jamás sabrás lo rico que el alma arde.

¡Tú quieres que me arrodille ante el siervo!
Amigo... te deseo libertad.
Como un león y también como un cuervo,

pues, te anticipo: tendrás que vivir
...si quieres reír en la tempestad.
Y si no, ¡lejos, ándate a pudrir!

II

Subestimar es mostrarse los propios
límites: el mundo es tuyo, mi amigo,
son tuyos la gloria como el castigo,
en tus manos, los oros y los opios,

las cobardías y las valentías,
son tuyas todas las formas del fuego,
es tuya la imprecación como el ruego,
enteras son tus noches y tus días.

No tienes otro dios que el del espejo;
en tus pasos signar puedes lo eterno;
sabrás beber del vino y del hollejo;

honrarás la virtud con buen festejo;
sabedor del paraíso y el infierno,
no te esclavizará ningún complejo.

SONETO PARA DOS HOMBRES QUE SE QUIEREN

Es el destino el que enfrenta en batalla
el honor de dos hombres, no son ellos
los que se buscan. Tradición de aquellos
que son los mismos, iguales en talla.

Es el destino de un joven y un viejo que,
a pesar de todo, serán el mismo.
Nunca los ha separado un abismo,
son cercanos, y de brazo parejo.

Jamás habrán batalla semejante;
aman al rival que tienen delante;
solo una vez se mata con amor.

No atenuarán la destreza de su arte,
su maestría será un estandarte
pues así enaltecen doble el honor.

AQUÍ ME TIENES

Amigo, tú que has contenido el grito
y en la mirada cargas mil tormentas,
tú que sin miedo llevas las violentas
puñaladas de la vida, cual rito,

tú, que tu sangre cubres con tus manos
y firme caminas mirando al frente,
¡escúchame, mi amigo, esto es urgente,
escúchame, que ambos somos humanos!

No es vergüenza ni es una cobardía
buscar un hombro querido y llorar
hasta que nos alumbre un nuevo día.

Ese llanto lo vas a celebrar.
¡No te mates, amigo, aquí me tienes!
Te necesitaré... y seguro vienes.

MI DEBER

Necesito encontrar el punto medio.
La vida no puede ser un eterno
fuego; el fuego también es un infierno.
Debo aprender a soportar el tedio,

a negarme el deleite del olvido
y caminar con el deber a cuestas;
debo aprender a negarme las gestas
de ilusorio Quijote: aturde el ruido.

¿Y qué, si mi destino está en el fuego
y a la realidad me torno ciego
y mi tonalidad es la del trueno?

¿Qué, si el éxtasis busco embravecido
y mi deber se encuentra en el aullido,
y soy para mí, mi propio veneno?

A LA TROMPETA DE CHET BAKER

Al poeta maniaco depresivo, a la mujer rota,
al viejo boxeador y a la vieja prostituta,
al alcohólico y la cocainómana...
a los olvidados en el psiquiátrico.
A todos nosotros
que bajo el sol en blanco y negro
caminamos palpando el vértigo de ir a la deriva
nos cobija el alma de Baker.

En sus melodías de humo
descansa nuestro espíritu...
y caemos al vacío... gráciles...
como cae el pétalo marchito.

Acompaña al solitario,
a la ciudad bajo la lluvia,
a esa primera dosis, después de años limpio,
a los barcos en llamas de ese adiós,
al último paisaje del suicida...
...el eco de la trompeta de Chet.

Precioso es entregarnos
a eso mismo que nos mata:
traer de la memoria aquella herida
y sangrar la mala sangre,
bañar de ingenua fe
la esperanza en la ternura,
saltar al vacío en pupilas dilatadas,
bailar el delirio bajo la luna de ceniza.

¡Oh, dicha de vivir hasta el exceso!
Cada límite es un nuevo comienzo:
el paraíso se ha perdido
y al infierno se llega caminando.

LEAVING LAS VEGAS

A quien tiene la muerte entre las manos
y a pocos pasos anda del abismo,
a quien se le han terminado las lágrimas
y espera desangrarse entre las sombras
la vida suele tener el buen gesto
de regalarle un último destello
de esperanza, una grieta hacia la vida.
A ti fue una rubia llamada Serah,
a mí fue una mulata del Caribe
llamada Celina. ¡No está demás
alzar más de una copa a su salud!
Desde el vacío mutuo, el amor es
honesto e incendiario, vengativo
y de una ternura desesperada.
Yo me desperté y en la noche helada
el butano salió de mis pulmones.
Qué sabe del amor quien no se ha muerto
como esclavo absoluto de lo que ama.
Tú supiste morir en la botella,
yo planeo morir en el papel.

SYSTEM CRASHER

Esa llamarada viene del caos primigenio,
es la prístina explosión que continua explotando,
fue Nietzsche, Hölderlin, Jorge Cuesta, Ángel Silva
y tantos otros anónimos
que bailamos como el fuego
hasta las cenizas y con suerte hasta encontrar la muerte.
Es la estrella en el fondo de la mirada anestesiada de los
                                    [olvidados en el psiquiátrico,
el temor más grande, y la más alta cumbre de la
                                    [fascinación humana,
fue Sarah Kane, Pizarnik, Sylvia Plath.

Oh, tú, pétalo de fuego, que resquebrajas el sistema con
                                    [tu danza,
enséñanos el arte del caos, la belleza de un alma
                        [consumiéndose en sus propias llamas...
Enséñanos a reír cayendo en tu cielo el abismo,
a brindar por el dolor en la fiesta del incendio,
la ternura desesperada de tu corazón candela.

¡La copa siempre estará en alto! Por ti, por mí... y por
                                    [todos nosotros.

CONTIGO

A Emilia R.

Una y otra vez la misma calle caminamos juntos,
una y otra vez se separaron nuestras manos en la columnata
para en un vestigio de la gloria
volverse a encontrar.
Tantas fueron las veces que en el silencio fuimos juntos:
                                        [libres,
tantas las veces fueron en que el lucero de la tarde nos
                                        [llevó a Virgilio,
tantas fueron las velas que apagamos,
las rosas que vimos florecer y marchitar,
los profundos sueños y las radiantes vigilias,
nuestros ocasos y nuestras lunas...
Oh, tantas veces, tantas veces
te he soñado
que, a pesar de la irrealidad,
algo tuyo llevo conmigo.

FLORES IMPOSIBLES

La remembranza de lo que no ha sido
—las mañanas, las tardes y las noches
y el vergel anhelado y nunca visto;
la íntima sospecha de la alegría
y el suspiro al final de la jornada;
palabras y silencios imposibles
y su eco que resuena entre las horas;
miradas y caricias nunca habidas
y su recuerdo en la piel de los sueños;
atardeceres, lunas y alboradas,
y la vaga impresión de sus colores;
teatro, música, cine y pintura
que solo en esa escena existirían;
plazas, escalinatas y balcones
donde ansiamos hacernos el amor;
las páginas que hubimos descubierto
en esas bibliotecas de otros cielos;
el dulce mirar crecer de los nuestros
y la valentía de darlo todo—
es un puñal en la carne de mi alma.

A LA MULATA DE LOS OJOS VERDES

Un puñal llevas tatuado en el cuello,
princesa; mezclas con humo tus sombras;
ríes con puras ganas de llorar;
entre la coca y el clonazepam
bailas una vals *un, dos, tres, un, dos, tres.*
Combinas con la luna sobre el mar
y tu belleza desafía a la del fuego.
Amaste a un poeta, a una estrella de rock,
a un gitano; hiciste el amor entre
versos, acordes y hechicerías...
y nada te quitó la obsesión por la muerte.
No creí que lo harías.
¡Escribo tu nombre en la piedra!
Descansa, ¡princesa!

LET'S GET LOST

Olvidemos, amor, nuestra consciencia,
que el humo nos libere de la vida,
perdámonos en nuestra piel suicida,
el orgasmo es la puerta hacia la ausencia.

Nada hay que temer, amor, es la muerte
nuestra amiga, y el placer nuestro puente;
este será nuestro último poniente;
tu ternura, amor, he de agradecerte.

Estamos a un paso del paraíso,
nuestro último abrazo está en el abismo,
la jeringa es nuestro último lirismo.

Salud, por nuestro espíritu insumiso.
Es nuestro el arte de la libertad;
amor mío, ¡no tendremos piedad!

MORALEJA

Una mariposa amarilla caracoleaba por los techos del barrio. Desde la ventana, desnudos e ingrávidos, ascendiendo como polvo ante el sol de la mañana, disgregándonos en un abrazo, mi pecho en su espalda, veíamos cómo iba y venía con la brisa, indecisa, dejándose llevar a su compás. Las nubes eran una manada de elefantes tomados de sus colas andando hacia el norte. Dos pequeñas montañas posaban enfrente, con caminos de tierra y pequeños cultivos salvándose del cemento. El tiempo pasaba despacio, como si se hubiera distraído por vernos. Nuestros latidos intentaban recordarnos nuestra mortalidad, pero al pasar mi lengua por su cuello y la comisura de sus labios juntarse a la comisura de los míos, nos burlamos de la muerte. Una señora regaba sus flores en su balcón, y nos miraba de reojo; supongo que nos vio hacer el amor y con nosotros celebró la vida. En la montaña de enfrente, un camioncito destartalado iba dejando a su paso una estela parda. La señora entró, el camioncito se perdió; rozamos nuestras manos. La manada de elefantes ya no estaba, y con ella la mariposa también se fue. Ahora las nubes se encontraban en lo alto, en pequeños copos, dejando libre al viento correr. Una estrella brillaba al otro lado del universo con la solemnidad y ataraxia de dos cuerpos abrazándose en pleno día. El sol nos daba de frente y sudábamos un poco. Una brisa muy suave llegó.

SIRENA

No importa que hoy hayas hecho el amor
con otro, es mi alma que te necesita,
estoy roto y mi pecho por ti grita;
te amo libre... es minúsculo el dolor

cuando tus ojos cubren mis heridas
y tu manchado cuerpo es mi instrumento;
a tus mentiras se las lleva el viento,
tu perfume y mis tantas despedidas.

Ya qué, si tu carne, años alquilaste,
la niña indefensa que eres conmigo
juega con el niño que nunca he sido.

No importa que tu ausencia me devaste,
amar no provoca ningún castigo,
haber amado es oro aprehendido.

ESTÁS

Y te pienso cada uno de mis días
y el silencio me susurra tu nombre
y yo aguanto como bien puede un hombre
acostumbrado a lentas agonías.

Iré tu recuerdo desdibujando,
inventándote en mis atardeceres
hasta que dejes ya de ser la que eres
y me aparezca tu olvido cantando.

Serás la luna que alumbra la rosa,
los tigres de la aurora y el poniente,
la página que ha de esperar paciente

y el fuego en calma en la madera añosa,
serás sobre el lienzo color al óleo
y yo... pretenderé que no te veo.

TUS CURANDEROS OJOS

El pueblo protestaba en la ciudad,
mientras, a unas pocas calles, nosotros
nos buscábamos los labios, en otros
universos, otra realidad.

La desnudez serenó nuestros días
y nuestras noches, amansó el dolor
de nuestros azares y de la flor
de arupo floreció nuestras sequías.

La ingrávida ternura sublimaba
el sueño: una forma del Paraíso.
Fue el diálogo, intemporal e insumiso,

un lujo que la lectura nos daba.
Tus ojos curanderos fueron gloria.
Hoy eres eco y paisaje en mi memoria.

NOCHES DE CEREZA

Tu nombre sabe a cereza con mar,
a cerveza entre tus piernas,
a desnuda ciudad en la madrugada...
Paladeo tu nombre escuchando
el eco de un gemido que fue tuyo
y que no enmudece
y cabalga por mi sangre.
Cada sílaba es un flashazo de cama con piel,
de prudente violencia
y excesiva piedad...
humanidad en demasía torna
deífica encarnación: hierogamia.
Tu nombre es un vicio y un lamento,
un pleonasmo de mi ingenuo solipsismo,
un puñal en la carne de mi soledad.
Te pronuncio para sentir
la ilusión de una querencia,
para que tus ojos me vuelvan a mirar.

UNA VEZ MÁS

Los dioses todos por una aliteración,
por todos los reyes y sus reinos un pedazo de pan,
cada uno de los estados y sus armamentos por un pétalo
                                                    [marchito,
toda la riqueza de ese uno porciento por una página en
                                                    [blanco,
el clamor masivo de la fama por una mirada de mi gata,
todo el bronce de la historia por un brindis entre amigos,
tesis, ensayos y exergos por una mañana de lectura,
la sabiduría de todos los mesías por una noche de sueño
                                                    [profundo...
y todo esto, amor, te lo cambio, por volverte a ver.

UNA FLOR MARCHITA

Estos breves años, el tiempo, amor,
supo acostumbrarnos a la distancia,
el viento se ha llevado la fragancia
de piel enamorada, y el color

exuberante de enlazadas manos,
que miran el cielo por vez primera:
es una pátina apagada, austera
sombra desvanece nuestros veranos

y el día en que el olvido nos encuentre,
sepas, que yo pronunciaré tu nombre,
y no, amor, que mi gesto no te asombre,

pues en el vergel de mi memoria, entre
tigres y tristezas, tendré una flor
marchita, en recuerdo de nuestro amor.

EN ALGUNA CIUDAD, BAJO ALGÚN CIELO

Una mujer con un libro en las manos,
cómoda en la riqueza del silencio,
de humilde elegancia su blanca prosa,
ataviada de ideas, no de piedras,
que carezca de certezas de hierro
y que se sepa próspera en sus dudas
(pues la certeza es el fin del camino
y la duda el sendero inagotable),
que huya del prejuicio y de la prisa,
de risa ligera y sin culpa alguna,
que ejerza la indulgencia con los otros
e igual o mucho más consigo misma,
que profese la fe en la valentía,
de piadosa ternura sin rubores,
que la venganza deshile dialéctica,
de una curiosidad inquebrantable,
indiferente al fracaso y al éxito.
En alguna ciudad, bajo algún cielo,
ella también escribe este poema.

BAJO EL FAROLITO Y EL AGUACERO

Seremos una despedida, amor,
retazos de una cama en la memoria,
libros y canciones, marchita euforia,
ante tu nombre o el mío un rubor;

seremos, amor, una cicatriz,
una leve tristeza en la mirada,
breve silencio al fin de la jornada,
de olvido seremos actor y actriz.

No importa, no, mi amor, nuestro destino,
bailemos a deshora este bolero,
bajo el farolito y el aguacero,

que no será mayor el desatino,
esta noche, en esta triste ciudad,
robarle un instante a la eternidad.

NENA

Déjame beber de tu juventud,
detener
el paso del tiempo
con tu infinita esperanza,
permíteme, inmortal, las horas de tus días, tus ojos negros,
traza
corazones en mi pecho,
compárteme tu juego,
los pétalos inmarcesibles de ese fuego sin pasado ni futuro,
el sabor de tu sexo,
las estrellas que le robas a la noche,
la delicada y lenta pirotecnia de tus dudas,
tu piel bajo el sol;
déjame entregarte
lo poco que he aprendido, el nada sé,
los oros que alegran mi mirada,
cicatrices y canciones.

Miremos juntos la ciudad por la ventana,
hasta que nos alcance
el momento
de partir.

UNA HABITACIÓN

Sembraremos alhelíes, amor,
en nuestra torre de marfil, claveles
y cerezos; las nubes, en bajeles
de nube, surcaremos con candor;

en aviones de papel subiremos
a brindar por nosotros en la luna;
nuestros tigres nos llevarán a alguna
selva y el aguacero escucharemos;

veremos juntos a Ícaro caer,
a Prometeo entregarnos el fuego,
veremos caminar a Edipo ciego,

amor, no nos podemos distraer.
El universo todo en nuestras manos;
el vivir es un arte de artesanos.

INFINITA

A mi gata

El humano vicio de la razón
no está en tus ojos, preciosa Infinita;
en tus pupilas guardas, exquisita,
la eternidad. Fiel es tu corazón.

Tu mirada causa un asombro antiguo,
así de antiguo como el Tigre y el Fuego,
lleva un diáfano y místico sosiego,
como si mirara, Aquel ser ubicuo.

El tiempo en tus crisoles se entrevera,
funden pasado, presente y futuro,
se urden el horizonte y la ribera.

¿Nuestra unión será un místico conjuro,
o en esta vida es nuestra vez primera?
De un antes es lo nuestro... ¡lo aseguro!

OTRO SONETO PARA MI GATA INFINITA

Tu inconsciencia, una forma es de omnisciencia:
eres la rosa, el astro y el poniente,
la luna de ceniza incandescente,
el reverso eres tú, de toda ciencia.

Pasiva como el Dios de la Certeza,
son tuyos los números de Pitágoras,
la áurea duda fuera de las ágoras,
toda tuya es la Idea de Belleza.

De lleno al sol, *¿qué buscas?* me preguntas,
nada hay en libros que no sepas ya,
me dicen, tus adormecidos ojos.

Yo me niego tu ataraxia en presuntas
eternidades que el tiempo dará
al olvido, conmigo y sus despojos.

DE LEJOS MIRA

A mi abuela

El eco jubiloso de esos días
que en tu memoria guardaron su gloria,
aquellos tesoros que hoy hacen tu historia
te recuerdan tus tantas valentías.

Engalana tu vejez la costumbre
de conquistar los días y las noches,
a tu mirar, no caben los reproches,
ni desprestigios caben a tu lumbre.

De lejos miras lo que se ha tornado
un compromiso, una tarea ajena.
Recogidas alegrías, tu pena,

adornan de un vergel muy delicado.
Calma esperas valiente y sin lamentos...
...tu mirada suele irse con los vientos.

MADRE MÍA

Tuya sea la gloria, madre mía:
sabes curar el odio con amor.
Entre los ángeles corre el rumor
de la eterna bondad de tu osadía.

Tu pasión es preciosa rebeldía.
En las sombras te miran con temor,
pues no hay mejor espada que el primor
con que esgrimes tu noble valentía.

Alegres las trompetas en tu nombre
cantan —el amor siempre es inaudito—,
celebran tu corazón insumiso.

Que tanta algarabía no te asombre.
En la áurea memoria queda escrito,
Dios lo sabe: te espera el Paraíso.

A UN LECTOR DE 1210

Por obra del azar o del destino,
bajo la cierta mirada de Dios,
ante la aurora leíste una voz
que mostraba un fascinante camino.

No eran los ángeles los que cantaban
y en el manuscrito no hablaba Cristo,
fue una gloria que nunca habías visto:
los ángeles de otro dios cautivaban

tu espíritu con fuego y libertad.
Te olvidaste del cielo y del infierno,
una mañana, una tarde, una noche

y antes del alba viste la ciudad
con la certeza de un regalo eterno
entre tus manos... sin ningún reproche.

LA TINTA DEL SONETO

Es el soneto que, con sus rigores,
que una vez arquetipo llamó el Ciego,
nos regala, en su inmarcesible fuego,
inesperadas glorias y esplendores.

No es solo el amanuense quien lo escribe,
es la vasta y añeja arquitectura
la que teje y desteje la escritura,
es el cincel del ruiseñor que inscribe

lo que el poeta no habría podido
nunca imaginar. Es aquel perfume
insospechado de la vieja rosa,

el tigre de la tarde tan leído,
el roar del mar, que no se consume;
mármol de una belleza silenciosa.

EN LO OSCURO

Cierro los ojos y de mi silencio
surge una trompeta de lentitudes
desinteresadas e indiferentes,
juega con la certeza del olvido
(esa otra forma de la eternidad)
y entretejido en una melodía
de largas notas, que el tiempo dilata,
me desintegro al verdadero ser
y el Universo me acoge en su seno:
soy los siglos, el astro y la luciérnaga,
soy la llanura, el tigre y la gacela,
la cascada y el anciano que muere,
la niña que nace y la hoja que cae,
el fuego, la tierra, el aire y el agua,
soy ese libro que nunca más será
leído, y su escritor, que ahora es libre,
el poniente soy y el amanecer,
el águila, la serpiente y el viento,
el pasado, el presente y el futuro...
soy estos ojos que se abren otra vez
y guardan un eco de melodía
e indiferencia porque no termina
con la muerte lo que llamamos vida.
Amiga, amigo... nos veremos pronto.

ORACIÓN DE LA MAÑANA

No temas, el universo eres tú:
el manto de la noche y sus estrellas
en ocultos planetas el ocaso,
las raíces, el rayo, nuestras venas,
el hombre, los gigantes y la tarde,
el río que corre en su arcano círculo,
el fuego en nuestro sol, la vela que arde,
los caballos salvajes, la llanura,
el eterno guerrero en la batalla,
el olivo, la rosa, el laurel, la uva,
el orgasmo y el astro que comienza,
la íntima totalidad tras los párpados,
la niña que libera su cometa,
el viento encomendado de leones,
las vísceras que dictan el futuro,
un parpadeo y las generaciones,
la mujer, el dolor, la nueva vida,
en la guitarra hermosa la tristeza,
la lectura y su áurea rebeldía:
no temas, el universo eres tú.

ETERNAS BREVEDADES

Somos pavesas al viento,
flores de un día,
cielos rojos de un momento,
breve osadía,

de los mares fugaz ola,
forma de nube,
olvidada barcarola,
gota que sube;

somos los siglos pasados,
fragor de guerra,
los antiguos postulados,
huellas en tierra,

seremos lo que será,
modestidades,
seremos quien beberá
eternidades.

A LA EDITORIAL GREDOS

Viva eterna la noble voluntad
de regalar los oros y los mármoles,
las gloriosas raíces de los árboles
del pensamiento, de aquella verdad,

que más desear encontrar, amamos
buscar. No es vano el agradecimiento,
ni creo solo mío el sentimiento,
de la dicha, que por Gredos gozamos,

los tantos que libre hemos encontrado
su bello rigor y firme mirada,
habiendo por ello nada pagado.

En más de un alma encendieron el fuego
del pensamiento, pues justificada
con creces su existencia: ¡oh, su sosiego!

NISO Y EURÍALO

No les fue propicia la misma suerte
que corrieron Ulises y Diomedes:
el valeroso corazón de ustedes
encontró, junto a la gloria, la muerte.

El oro varonil de toda Troya,
son los fastos del honor. ¡Niso y Euríalo!
Portar el llamado a Eneas, habíalo
su empeño. Juntos: una sola joya.

El afortunado favor de Julo,
armas del viejo sol de los troyanos,
el infalible amor, más que de hermanos
y el tesón de matar con disimulo.

Oh, Niso, tú, el primero en la carrera,
¿un dios te infundió el deseo de gloria
o hiciste un dios de tu deseo? Historia
de tal valor la tuya, no es cualquiera.

Envuelto en sombras por el enemigo
campo, a gusto y placer mató tu espada;
pero un yelmo brillante la celada
alumbró, y así apresaron a tu amigo.

Oh, Euríalo, tú, el efebo sin par,
¿fue por amor a Niso que emprendiste
la temeraria empresa, o tú quisiste
también la gloria? Se empeñó en matar,

nadie duda, resoluta, tu espada
cual si fuera una aventura en un sueño;
error de juvenil, te hiciste dueño
de un yelmo que perdió su retirada.

Te atraparon escribiendo tu nombre
en la historia. Más vale ser valiente
y en el sagrado honor morir ardiente
que vivir cobarde siendo un mero hombre.

Niso, el amor lanzó tu jabalina.
Buscando la libertad de tu hermano:
tu muerte, matando; y no, no fue en vano:
juntos hallaron la gloria divina.

DEL ESPÍRITU CLÁSICO

Tal vez una noche de mis primeras
en las llamas visualicé el relato
de Prometeo y el fuego; tan grato,
tal mi asombro, que pinté unas crateras.

Tal vez fue en el mar, durante el poniente,
que escuché por vez primera de Ulises,
de tantos barcos de tantos países,
de tantos años de asedio paciente.

Tal vez una aurora me hubo tendido
el acero delante de las naves,
y crucé el Aqueronte algo cohibido

mirando a Caronte y las almas graves.
¡Mi alma está en las sombras de los Infiernos,
conversando con guerreros eternos!

ORFEO Y EURÍDICE

Cruje una gota de sangre tu pecho,
Orfeo, tu amada Eurídice ha muerto;
la flor no será flor, será desierto.
Vivir de carne al viento, tan maltrecho

no era vivir, era fatal tortura.
Emprendiste a buscarla en los infiernos;
tu amor, como tu lira, son eternos.
De oro tu música llevó ventura

nunca antes habida en la oscuridad;
dicen las almas exultaron llanto
de tan grandioso de tu lira el canto:
Tántalo olvidó su necesidad,

de Ixión la rueda también se detuvo,
el hígado de Ticio descansó
de ser devorado, se dispensó
Sísifo y sobre su piedra sostuvo

su fatigado cuerpo unos instantes…
dicen que las Erinias también lloraron.
Tal fue el prodigio, que los que se amaron
y de todo el Hades son gobernantes,

transigieron a esa fuerza de amor
y con la condición de no mirarla,
hasta fuera del infierno sacarla,
te permitieron guiarla, a tu primor.

Pero tú quebraste la condición
y antes de salir tornó tu mirada
y ¡oh, Orfeo! alejarse viste a tu amada;
fuiste tú quien traicionó tu pasión.

DE LO POÉTICO

Entre las ruinas de un templo, un poeta
sobre un capitel compone un hexámetro;
la ciudad en llamas, el rey y su cetro,
pinta el pintor rojos de su paleta;

en medio de la tormenta, el pianista
interpreta un vals a honor de su gata;
entre el fragor de una guerra escarlata
de pie a Virgilio lee el humanista.

Sobre el mástil naufraga el marinero
y a los vientos entona una saloma;
de pie el filósofo encuentra el axioma,
irrefutable e imperecedero,

entre el derrumbe de la biblioteca;
el actor su soliloquio termina
en la invasión por la guerra latina
horrando en alto a la tragedia greca.

INSÓLITO

La madera de lustre especular,
el rosal en el patio ajedrezado,
el tigre en el poniente y en el fuego,
el astro que ya ha muerto y que aún vemos,
la guitarra, el bordón y la elegía,
el verso que cinceló mármol y oro,
la espada que nunca probó su miel,
el polvo que fue amantes y fue guerras,
la tarde de la cruz y la cicuta,
la paciente biblioteca del Ciego,
el hombre que padeció la cordura
un instante en el hecho de su muerte,
los hombres de la espada y de la pluma,
los que en vida andaron por los infiernos,
la gota de agua que labra la piedra
como el hombre que labra su camino,
el enigma que es fuerza develar
y que se expande con el universo
y como el sendero es nuestro destino,
las flores que nos brindan el Leteo,
la libertad que nos regala el mar,
la lectura que nos regala el vuelo,
el perfume que trae del olvido
una fotografía del ayer,
la grata y sutil pureza del agua,
el inquieto asombro al surcar los cielos;
nuestro universo sin duda es insólito.

PRUDENCIA DE QUIETUD

He visto el sol caer la tarde entera,
vi las estrellas íntegra la noche,
toda la mañana he visto el derroche
grácil de las nubes en su pradera.

Ostento el prodigio de la quietud,
del silencio el manso hontanar paciente,
los abstractos paisajes de la mente,
la calma búsqueda de la virtud.

Somos olvido que sueña ser fuego,
serena y paulatina evanescencia;
el reposo es la sublime prudencia,

nuestro universo es el río del griego.
Deliciosa ataraxia del que duerme,
como sombra en la sombra he de perderme.

HABERES

Me queda la desgraciada condena
de estar sobrio, la profunda tristeza
que en el verso transformo en valentía,
esa vana ilusión en mi memoria
que una vez fue poniente compartido
y se bifurca y será evanescencia,
el lejano fasto de la amistad,
la paciente biblioteca del Ciego,
el tenue hábito de la soledad
en los rigores del endecasílabo,
el oro pobre de la metafísica,
la manzana de Tántalo en aquel
tenebroso tablado de los vivos,
las doce notas, que no serán mías,
y explican de algún modo el universo
y son la forma más linda del tiempo,
la distancia y el amor de los míos,
el crepúsculo, la noche y la aurora,
ese Leteo de todos los días
y la certeza del último olvido.
Si no me es dada la felicidad
que no me sea dado el sufrimiento.

LA CUMBRE DEL CAMINO

Haber cumplido con mi parte de honor y humillación,
entrever en las brumas del olvido mis retazos de alegrías y
[tristezas,
haber amado,
haber leído,
haber sido al menos una vez feliz,
llevar como un tesoro en la mirada la amistad de unos
[pocos,
el orgullo de haber ataviado mi frente con las valentías
[necesarias,
las lunas,
los tigres del atardecer,
los arupos y las jacarandas,
el mar y su íntima sensación de hacernos libres,
el neón, la noche y el frío de una ciudad que nunca supe
[mía,
el cine y la música;
espero con ansias llegue el día.

TERSURA DE CALMA

La total confianza en un libro abierto,
la calma de la frase que repito,
el celeste y oro y la sangre del mito,
el silencio que guarda un algo incierto;

la diáfana respiración del puerto,
el azar de ser mortal e infinito,
la suerte de pulir un manuscrito,
y la grata amistad de más de un muerto.

Son todas las dichas que he conquistado;
vivo el placer de ser un solitario
que habla con los muertos y enamorado

anda de la luna. Pues he encontrado
la felicidad con poco. En mi diario
vivir, yo, de mí mismo me he olvidado.

SOLILOQUIO DE UNA MIRADA
AL FUTURO

Seremos este sueño que yo sueño
y el sueño que tantos otros soñaron,
áurea pobreza que revelaron
los años y el recelo de mi ceño.

Seremos el tigre de cada tarde,
la tristeza de la noche callada,
con suerte los favores de la nada
y de nuevo el don de no ser cobarde.

Seremos unas contadas metáforas
y de Grecia las gloriosas anáforas.
Seremos la perdida melodía

que viene inesperada con el viento
y nos convierte en el mero instrumento
del poema. Seremos rebeldía.

AUSENCIA

Entre pinceladas de viento,
un hombre mira el horizonte.
Piensa que cada acto
es una forma de la espera.
El tiempo lo ha gastado.
Cree que el olvido
nos da la posibilidad
de ser la flor, el astro, lo otro...
y que la conciencia es una cárcel.
Cree que nada iguala el sabor del agua y el sabor del pan.
Sus ojos son grises y lejanos.
Recuerda con tristeza haber amado,
pues solo quien amamos
es capaz de hacernos daño.
Cree que toda valentía
es una victoria pírrica.
Sospecha igual de inútil un estandarte y una torre de marfil.
Cree que solo la música y el mar
pueden darnos la ilusión de ser libres,
y que tan solo la muerte nos otorgará esa dignidad.
Supo desde siempre
que la soledad sería su destino.
Innumerables son los años de su ausencia...
podríamos decir que ya está muerto.

LA SUBLIME FORMA DEL REZO

Como la humilde llama de una vela
alza la hoguera que vence la oscura
noche, la gratitud —sublime y pura
forma del rezo— fértil nos revela

y nos une con la bondad de Dios,
universo, quizá azar o destino,
o el amor o el todo, eso que el camino
nos forja y, de cierto modo, es su voz

que nos guía y que indudable nos hace.
Gracias por este día que me entregas.
Gracias por las nobles virtudes griegas.

Gracias por el sobrio oro de los míos.
Gracias por darme los años sombríos
y el amor del verso que me rehace.

PLEGARIA

Hermanos, hermanas, me ha sido dado
esta tarde el deber de alzar a lo alto
mi canto, de exclamar una plegaria;
hoy ruego por paz, piedad y alegría.
Paz para el que padece una abstinencia
y valiente camina entre las sombras,
buscando la eterna luz de la vida.
Piedad para el que en lágrimas de dicha,
alta la frente, purifica su alma
en las fatalidades del castigo.
Alegría para el que cada día
sacrifica su tiempo por los suyos.
Paz para quien ha cargado la culpa
de aquel que con sus manos se dio muerte
y no sabe que hoy, es ya invulnerable.
Piedad para el que tiene hambre y no es malo.
Alegría para quien satisface
sus necesidades con pan, y sabe
que no difiere de hacerlo con oro.
Paz para el que planea una venganza
y no conoce la miel del olvido.
Piedad para quien se enfrentó a su gente
por cometer un acto de justicia.
Alegría para el que justifica
a quien le ha lastimado con un mal.
Paz para quien fracasó, pero tuvo
la osadía de intentar lo imposible.
Piedad para el joven equivocado.

Alegría para quien renunció
a aquel que no quiere ninguna ayuda.
Paz para quien no supo ser valiente.
Piedad para la estulticia del viejo.
Alegría para aquel que carece
de certezas y es próspero en sus dudas.
Que la paz, la piedad y la alegría
nos sean dadas hoy y cada día.

EL CAMINO DEL SILENCIO

El silencio es una puerta que lleva
a las eternas formas de la idea,
sus siglos, variaciones y odiseas;
a la inagotable senda del canto
secreto del crepúsculo y las flores,
de los patios, las plazas y balcones,
de empolvados pasillos solitarios
en viejas y pacientes bibliotecas;
solemne el pórtico del universo
el silencio es el punto de partida,
la inevitable condición y el término;
anterior al primero de los días,
a la prístina forma de materia
y espacio, prima de que todo sea,
el silencio —silencio— ya existía.

LO OTRO

Quiero ser la disonancia en el piano,
ser el polvo del que vengo y al cual voy,
el tigre que camina un eterno hoy,
la esperanza en las purpuras temprano,

la sombra que se alarga y desvanece,
la hoja seca que por fin muere al viento,
el que espera la muerte sin lamento,
la ausencia de un amor que permanece.

Suele haber un momento de la noche
en que de mí por completo me olvido:
plenitud de la muerte y su derroche

es una eternidad que no he perdido.
El universo nos es reservado,
¡espero de mí ya haber abdicado!

LA DANZA

La danza es de belleza indescifrable,
comparte idéntico instinto con la ola,
el gorjeo, la lluvia y la amapola.
Nace y muere, fugaz e inagotable.

Tan simple como la luz y la sombra,
sublima el alma de quien la presencia.
En la simpleza del cuerpo su esencia:
un idioma que a la razón asombra.

Enraizada en los antiguos rituales,
ante el fuego, como en los escenarios,
de oro sus pompas son universales.

Una forma es de gozos libertarios,
también es una forma del olvido;
doy gracias por haberla conocido.

PERTENENCIA

La belleza justifica la vida.

UN MAPA

Qué otra medida, sino la del alma,
para este improvisado caminar;
qué otro motivo, sino el de la paz,
para henchir las velas de nuestros actos;
qué otra brújula, sino la belleza,
para sembrar de hogar nuestras estelas;
qué otro deber, sino el de la ternura,
para revestir nuestras valentías;
qué otra norma, sino la del esfuerzo,
para empuñar las bondades humanas;
qué otros rigores, sino los del juego,
para hilar la pasión de nuestros años;
qué otro color, si no es el de la risa,
para aceptar el amor de la muerte;
qué otro saber, si no es el de los libros,
para llenar de asombro nuestros días;
qué otra música, si no es el silencio,
para hacernos saber que estamos vivos.

ELOGIO DE LA AMISTAD

I

Habremos subido al sol hasta deshechas nuestras alas,
no habremos dado tregua hasta haber alcanzado el
[horizonte,
en nuestro barquito de papel habremos recorrido el
[universo y habremos seguido sedientos,
habremos conquistado la noche en cada capital del mundo
[y nadie habrá podido impedirnos otro brindis,
será ante nuestros pies que habrá caminado el tigre,
[cabizbajo,
habremos aprendido a usar la bala y el puñal y los
[muertos no habrán sido los nuestros,
nuestras miradas se habrán alzado en insolente alegría,
el trueno nos habrá hecho más de una cortesía,
habremos compartido la mesa con el bronce,
se habrán revestido los siglos de tristeza por habernos
[olvidado,
habremos desatado la ira envidiosa de los dioses;
amigo, habremos vaciado la copa de la vida.

II

Seremos todos los caballos salvajes,
todos los pétalos al viento,
todos los niños, seremos, que desnudos de un risco saltan
[al río,
seremos todos los suicidas que murieron felices,
todos los tigres que alcanzan a su presa,
todas las olas que revientan en la arena,
seremos todos los astros que ya han muerto y que aún
[vemos,
todas las cascadas que evocan un salto temerario en el
[abismo,
seremos la risa genuina de mi madre,
las palabras del Ciego que iluminan el camino,
una raíz y su quinta en un acorde mayor,
seremos el agua en la garganta y el sabor del pan,
el trazo sereno de un pintor olvidado,
seremos la veta en la madera que al carpintero susurra el
paso del tiempo,
dos gorriones que han aprendido las bondades del juego;
seremos, amigo, libertad.

A MI HERMANO

Guarde en tu mirada
su espada la valentía,
la dilección sus flores,
sus senderos la mesura,
la benevolencia su quietud.

Guarde en tus palabras
su agua la verdad,
la negra tierra su firmeza,
su buena madera la mansedumbre,
los libros su luz.

Guarde en tus decisiones
el cielo su lealtad,
su esperanza el horizonte,
el tigre su instinto,
la selva su fertilidad.

Guarde en tus años
su sabiduría el sufrimiento,
el pan sus alegrías,
la pasión su fuego,
la familia su paz.

TODAVÍA

Todavía le quedan horas al día
para recitar un verso,
para leer una página de Borges,
para irse en una melodía.
Todavía queda tiempo
para hacer sonreír a mamá,
para felicitar al pequeño,
para verse en el espejo sin rencores.
No es tarde
para ver esa foto del viejo,
para releer esa carta,
para perdonar.
Es justo a tiempo
para soltar las velas y dar ese giro de timón,
para ser valiente y hacer esa llamada,
para mirar de frente y pedir perdón.
Mientras quede tiempo
—horas, minutos y segundos—
nada está perdido.

¡Vamos, todavía!

DE LA LECTURA

Las menos es un palpitar sereno,
normalmente es un mar embravecido,
caminar entre un fuego desmedido,
despacio ver cómo se forma el trueno.

Sin duda es una forma de volar,
también la experiencia de la otredad,
es la aporía de la soledad,
el antiguo asombro espectacular

de aquella arcana diosa, la razón.
Es el goce vulnerable del sueño,
palpar de la imaginación su empeño,

ver el universo desde un balcón.
El acto más sensato que he encontrado:
toda mi vida se ha justificado.

FUEGO

Soñé que era un tigre corriendo por la llanura,
y todavía no me detengo.

ÍNDICE